Lk 959

NOTICE

SUR

L'ÉGLISE ET LE CHATEAU

DE

BERZY

CANTON DE SOISSONS

PAR

M. JULES LECLERCQ DE LAPRAIRIE

Chevalier de l'ordre de St-Grégoire-le-Grand,
Membre correspondant du Comité des Arts & Monuments,
Président de la Société archéologique, historique & scientifique de Soissons.

LAON.

IMPRIMERIE DE ÉD. FLEURY ET AD. CHEVERGNY,

Rue Sérurier, 22.

1850

BERZY,

SON ÉGLISE ET SON CHATEAU.

Quoiqu'il ait été publié depuis quelques années de nombreuses monographies de cathédrales, de simples églises et de vieux châteaux, les archéologues ne se sont pas encore mis d'accord sur la manière de traiter ce sujet. Les uns veulent qu'on se borne à une description concise, purement archéologique, du monument que l'on a sous les yeux ; les autres pensent au contraire qu'il est permis de communiquer aux lecteurs ce que sa vue produit d'émotions ; ce que le site où il est placé, et les objets étrangers qui l'environnent ajoutent à ce qu'il vaut, pris en lui-même. Je crois que, comme en toutes choses, il ne faut pas avoir de système exclusif, et que l'on peut s'accorder le droit de décrire et de peindre au moins, en quelques mots, le paysage où se trouve placé le monument que l'on veut faire connaître. Comment d'ailleurs l'isoler complétement des objets qui l'entourent ? La manière dont nous le jugerons ne se ressentira-t-elle pas toujours, même malgré nous, de la manière dont ils nous auront impressionnés ? Qui n'a remarqué souvent à quel point les circonstances étrangères aux choses elles-mêmes nous les font voir sous un jour plus ou moins favorable ? Et puis, la situation d'un monument n'est pas sans intérêt au point de vue archéologique et historique ; les exigences de l'art n'étant pas les mêmes pour toutes les positions, il est curieux de constater si l'architecte en a tenu compte ; enfin s'il a approprié ses constructions aux lieux où il avait à les élever. Voilà pour la question d'art ; quant à la question historique, elle me paraît avoir aussi son importance. J'ai cru remarquer, par exemple, que le plus grand nombre des châteaux anciennement fortifiés qui se trouvent dans les environs de Soissons (1) sont placés sur des points élevés, et qu'au contraire dans la Picardie, on les rencontre plus souvent dans des lieux marécageux. Or, ce qui fait l'objet de mon observation ne tient-il qu'à la nature des deux pays ? ou bien pourrait-on y voir soit deux systèmes de défense de deux peuples distincts, soit des dates différentes, plus récentes ou plus éloignées, selon le système adopté. Ainsi, l'on attribuerait les châteaux-forts, entourés de fossés remplis d'eau, à des peuplades tout-à-fait primitives, et l'on verrait, dans les forteresses perchées sur des points élevés, le commencement de l'art des fortifications.

J'abandonne ces considérations, qui seraient peut-être mieux placées dans un ouvrage spécial, pour parler de Berzy, de son église et de son château.

Le village de Berzy-le-Sec est situé à six kilomètres de Soissons, sur une langue de terre qui s'avance comme un promontoire dans la vallée de la Crise. De cette position, la vue s'étend au loin et rencontre, presqu'à l'extré-

---

(1) Coucy, Pierrefonds, La-Ferté-Milon, Braine, etc.

mité de l'horizon, la tour de la cathédrale et l'ancienne abbaye de Saint-Jean-des-Vignes, dont les flèches aériennes viennent admirablement meubler ce paysage, l'un des plus beaux de notre pays.

Berzy doit, à sa position élevée et à l'absence de sources et de ruisseaux, le surnom qui lui a été donné (1). L'*Etat du diocèse de Soissons*, imprimé en 1783, traduit Berzy par *Berziacus*. Dans une charte du 13e siècle, reproduite par le cartulaire de Saint-Léger, folio 12, verso (bibliothèque du séminaire de Soissons), on trouve ce nom déjà écrit ainsi *Berzi*. Je dirai, en passant, que la lecture des vieux manuscrits conduit à affirmer que déjà vers la fin du 13e siècle, le plus grand nombre des noms de lieux étaient orthographiés et prononcés à peu près comme ils le sont encore aujourd'hui.

Le village de Berzy, qui fait partie maintenant du canton de Soissons, dépendait autrefois de la châtellenie de Pierrefonds (2), et en était une des onze mairies. Les lieux remarquables de cette châtellenie, dit l'historien du Valois, sont le château de Martimont, Cœuvres, chef-lieu du duché d'Estrées, les terres de Berzy et de Villers-Hélon, etc.

Au moment de la révolution, madame la princesse de Chimay, née de Saint Fargeau, était dame et vicomtesse de Berzy.

CHAPITRE.

Berzy, qui n'est aujourd'hui qu'une annexe de Courmelles, avait autrefois un chapitre composé de huit cha-

---

(1) Sec comme Berzy, est un dicton souvent employé par les classes inférieures du Soissonnais.
(2) Carlier, Histoire du Valois. Tome I. Introduction.

noines, qui avait été fondé en 1524, par Nicolas Louvain, seigneur du lieu. Le curé en était le doyen, et les autres chanoines, en général choisis parmi les curés des environs, étaient présentés par le seigneur de Berzy, et nommés par l'évêque de Soissons. Les chanoines s'assemblaient, le premier lundi du mois, dans l'église de Berzy pour y faire l'office, et pour cette obligation, ils recevaient un muids de blé. C'est ainsi que les choses se trouvaient arrangées en 1789 ; mais, à l'origine, les chanoines résidaient à Berzy, et recevaient des prébendes plus considérables auxquelles Nicolas Louvain avait pourvu par la donation de terres, bois et prés. De son côté, la dame de Louvain, femme du fondateur, avait « gratifié » les nouveaux chanoines de nombre d'ornements très-» riches et très-élégants, travaillés de ses propres » mains. » (1)

En 1690, Annibal d'Estrées, devenu seigneur de Berzy, tenta de transporter, à Cœuvres, le chapitre de Berzy ; mais il ne put réaliser son projet. (2)

Le chapitre de la cathédrale de Soissons, qui présentait à la cure de Berzy, partageait, avec les religieux de Saint-Médard, la dîme de la commune, dont, cependant, une faible partie avait été cédée au curé.

EGLISE.

Il est une surprise que l'on éprouve souvent lorsque l'on parcourt notre pays, c'est de trouver, dans un village qui n'a pas et n'a jamais pu avoir une grande importance, un monument charmant, orné de nombreuses sculptures, et où l'on n'a rien négligé pour le rendre

---

(1) Mémoires manuscrits du chanoine Cabaret. Tome II.
(2) Mémoires manuscrits du chanoine Cabaret. Tome II.

digne du Dieu qui y est adoré. Ici, cela s'explique naturellement par l'existence dans les mêmes lieux d'un château, qui n'a pas dû cesser d'appartenir à de puissantes familles.

Extérieur.

L'orientation de l'église de Berzy, ce qui est rare, est à peu près parfaite.

On a souvent traité la question de l'orientation des églises; mais pour la résoudre d'une manière satisfaisante, il aurait mieux valu moins disserter et plus vérifier; c'est ce que j'ai fait, et pour moi, il résulte de mes observations, sur un assez grand nombre d'églises : 1° que la direction vers l'orient est rarement parfaite; et 2° que l'on s'en est beaucoup écarté, lorsque la disposition du terrain présentait des difficultés (1). La conséquence que je tire de ce fait bien constaté, c'est que l'orientation des églises pendant les 11e, 12e, 13e, 14e et 15e siècles était un principe, il est vrai, mais un principe élastique.

A son extérieur, l'église de Berzy est entièrement romane, non pas dans le genre lourd, écrasé et massif de la période des 10e et 11e siècles, mais dans le style élégant et fleuri du milieu et de la fin du 12e. D'ailleurs, l'ogive qui vient se montrer à l'arc triomphal du chœur accuse évidemment cette dernière date.

Une seule porte à plein-cintre s'ouvre dans le pignon de l'ouest pour donner entrée dans l'église. La baie, loin d'en être surbaissée comme il arrive fréquemment lorsqu'il s'agit de ce genre d'édifice, s'élève dans de belles

---

(1) La cathédrale de Soissons dévie un peu vers le nord. L'ancienne abbatiale de Morienval est tournée vers le nord-est. L'église de Laffaux (12e siècle), celle de Vassemy, et beaucoup d'autres, ne sont pas exactement orientées.

proportions. Son cintre, orné d'archivoltes, repose sur trois colonnettes annelées; le tout est couronné d'un cordon de rinceaux très bien exécutés. Dans le gable, l'architecte a placé une simple fenêtre romane, ornée de quatre colonnettes annelées. Encore au-dessus de cette fenêtre, il existe une autre baie qui semble avoir servi de porte à un pont qui serait venu y aboutir, et qu'on y aurait jeté autrefois d'une galerie placée au haut de l'angle du mur sud-est du château (1).

Les murs de la nef et des bas côtés n'offrent rien de remarquable. Les corniches qui supportent le toit ne présentent aucune ornementation; il y a tout lieu de croire qu'elles ont été refaites à une époque assez récente.

Une tour carrée s'élève sur le transept, ou plutôt sur la place où devraient s'allonger les bras de la croix; elle n'a pas une hauteur considérable, mais elle est d'une belle construction. On peut supposer, avec assez de vraisemblance, qu'elle a été pendant longtemps surmontée d'une flèche en pierre. Chacune de ses quatre faces porte deux fenêtres avec moulures et colonnettes. Les contre-forts sont également ornés de colonnettes qui règnent avec celles des fenêtres.

L'église se termine par une petite abside en cul de four dont la double corniche est formée d'un cordon de feuilles entablées, et d'une rangée de têtes saillantes d'hommes et d'animaux; enfin un fronton triangulaire faisant saillie donne une espèce de prolongement à l'abside. La fenêtre de ce fronton, ainsi que les deux autres de l'abside, ont leurs baies ornées d'abord de deux tores, puis d'un cordon ou guirlande de quatre feuilles, et enfin d'un

---

(1) La distance, entre l'église et ce mur, est de huit mètres environ.

troisième tore, plus gros que les deux premiers (1). Pour compléter l'ornementation de cette partie de l'église, une corniche de rinceaux et de petites têtes saillantes bien fouillés et très-finement travaillés règne au-dessus des larmiers des contre-forts, et suit le contour des fenêtres ; enfin les angles du fronton ont reçu deux colonnettes dont le chapiteau est formé d'une tête dont la bouche énorme porte d'un côté un petit animal ras, lièvre ou lapin, et de l'autre deux serpents.

Quand après avoir gravi la montée longue et fatigante qui conduit au village de Berzy, on arrive au pied de la tour et de l'abside de son église, on s'arrête avec un véritable plaisir pour admirer ces pierres si bien appareillées, ces moulures si bien profilées, ces sculptures si délicatement sculptées ; en un mot, tout cet ensemble si pur d'un des plus charmants monuments de l'architecture romane.

Intérieur.

La nef ne se compose que de trois travées dont les arcs en plein-cintre reposent sur des piliers larges et peu épais, cantonnés de colonnes demi-engagées qui ont été placées dans l'intérieur de l'arcade, et non du côté de la nef et des collatéraux. Cette disposition, souvent adoptée à cette époque, avait sans doute pour but de laisser libre toute la partie de l'édifice destinée aux fidèles, en évitant d'en diminuer la largueur. La disposition contraire, c'est-à-dire lorsqu'on faisait saillir la colonne sur la nef et les bas-côtés, avait le grand avantage de fortifier le point destiné à recevoir la retombée des voûtes; mais, ici, elle n'avait pas d'objet, la nef de Berzy n'ayant jamais été destinée à recevoir des voûtes en pierres.

---

(1) Le tout sans chapiteau.

Des quatorze chapiteaux de la nef, quatre ont été hachés pour faire place à des boiseries ; les autres sont simplement ornés de feuilles aquatiques d'un bon goût.

J'ai dit, plus haut, que l'église de Berzy n'avait pas de transept ; le chœur se trouve donc placé immédiatement où finit la nef et sous la tour. Il est voûté à arceaux formés de gros tores qui viennent s'appuyer sur une colonne engagée, accompagnée du côté du sanctuaire, de trois colonnettes, et, du côté de la nef, d'une seule colonnette. Pour les arcs de cette voûte, l'ogive qui, sans doute ne faisait encore qu'apparaître, a été adoptée par l'architecte ; il a fait ce que l'on remarque dans la plupart des églises de transition : le plein-cintre est conservé pour les petites ouvertures ; l'ogive est employée là où un écartement considérable offre le danger d'une plus forte poussée (1).

La passion pour un jour abondant et éclatant, qui a causé la ruine de nos grandes verrières pendant les deux derniers siècles, est passée aussi par Berzy. Pour arriver à ce résultat si envié, on n'a pas craint, en agrandissant les deux fenêtres du rez-de-chaussée de la tour, de couper impitoyablement les archivoltes et corniches qui les accompagnaient à l'extérieur, et les chapiteaux curieux dont elles devaient être ornées à l'intérieur.

L'abside, très-petit hémicycle, percé de trois fenêtres romanes, porte une voûte dont les arêtes sont composées de trois tores cylindriques. Un autel et un pavé en marbre lui donnent une physionomie moderne, et un grand retable de style grec ou romain achève de lui ôter son

---

(1) Cette observation, que j'ai eu l'occasion de répéter souvent, m'a convaincu qu'à son origine, ce n'était pas par caprice et pour le plaisir de faire du nouveau, que l'ogive avait été employée ; mais à cause des avantages qu'elle présentait dans la construction des grandes voutes

caractère primitif. Un autre inconvénient de cette lourde machine, c'est de masquer, non-seulement la fenêtre du fond du sanctuaire, mais encore tout le renfoncement que présente, à l'intérieur de l'église, le fronton, espèce d'appendice de l'abside dont j'ai déjà parlé. Il est facile de se rendre compte du mauvais effet qu'il produit, si l'on remarque que le peu de longeur du chœur et de l'abside de Berzy était heureusement corrigé, lorsque la vue pouvait se prolonger jusqu'à la fenêtre centrale et se reposer sur les vitraux peints dont elle était sans doute ornée.

Après avoir signalé l'existence du renfoncement pratiqué au chevet de l'église de Berzy, il n'est peut-être pas sans intérêt de rechercher quelle en était la destination. Dans un grand nombre d'églises des départements de la Somme et de l'Oise (1), on voit encore aujourd'hui un Saint-Sépulcre placé au fond du sanctuaire; l'ornementation même des colonnes et des arceaux de la voûte est appropriée à ce sujet. On y a représenté les insignes de la Passion, les saintes femmes et d'autres motifs analogues; mais toutes ces églises appartiennent aux 15e et 16e siècles, et si l'on peut supposer que l'on n'a fait que reproduire alors ce qui se pratiquait dans les siècles antérieurs, on ne peut l'affirmer d'une manière positive. D'un autre côté, il est bien établi maintenant que dans certaines églises du 13e siècle, la travée centrale de l'abside était occupée par un autel sur lequel étaient déposées les châsses contenant les reliques des saints. Je pense que l'enfoncement de Berzy a eu l'une ou l'autre de ces destinations; mais, à défaut d'indications parti-

---

(1) Voir les observations que M. Charles Bazin, consulté par moi, m'a adressées sur ce sujet. *Bulletin de la Société archéologique Soissons*, volume 3, page 52.

culières, je ne crois pas devoir me prononcer pour l'une plutôt que pour l'autre (1).

L'église de Berzy a été construite dans de petites dimensions ; la nef a 16 mètres 25 centimètres, le chœur 5 mètres, l'abside 3 mètres 90 centimètres, ce qui donne une longueur totale de 25 mètres 15 centimètres ; la largeur est de 6 mètres 25 centimètres ; les bas-côtés ont 3 mètres 40 centimètres.

Chapiteaux du chœur et de l'abside.

Gros pilier de gauche (nord) supportant la tour. A la colonnette qui regarde la nef, feuilles et branches entrelacées. A la colonne engagée, trois personnages debout couronnés, vêtus de longues robes, et ayant à leurs pieds deux édicules, s'avancent vers trois autres personnages dont un paraît être assis ou à genoux, et tenir un enfant dans les bras. A la suite de ces derniers, deux personnages debout, les yeux levés au ciel semblent contempler un ange sortant d'un nuage ; près d'eux, le sculpteur peu habile, a figuré de petits objets dans lesquels on croit reconnaître des chiens ou des moutons (2). Les trois colonnettes qui viennent ensuite sont garnies, comme la précédente, de feuilles et de branches entrelacées.

Deuxième pilier (nord). Au faisceau de colonnettes dont il est composé, feuilles diverses mal caractérisées où l'on distingue cependant l'acanthe du 12e siècle ; le règne

---

(1) On pourrait encore supposer, avec beaucoup moins de vraisemblance, il est vrai, que le constructeur de l'église, s'il était l'un des seigneurs de Berzy, s'était fait préparer cet endroit de l'abside pour y placer son propre tombeau.

(2) Malgré ma résolution de ne pas m'engager dans l'interprétation des divers sujets représentés sur les chapiteaux de Berzy, je ne puis laisser passer celui-ci sans remarquer qu'il semble offrir une double scène, l'adoration des Mages, et l'annonce de la bonne nouvelle aux Bergers.

animal n'y est représenté que par un seul grand oiseau placé au centre d'un des chapiteaux.

A l'une des deux colonnettes de la fenêtre qui vient ensuite, deux animaux fantastiques.

Les deux longues colonnettes qui, de chaque côté de l'abside reçoivent la retombée de la voûte, ont été arrachées pour faire place au retable.

Au fond du sanctuaire, quatre colonnettes portent des chapiteaux curieux. A la première, une tête humaine accompagnée, de chaque côté, d'un grand oiseau dressé sur ses pattes et lui posant le bec sur le crâne. A la seconde, deux sortes de dragons à face d'hommes dont les joues viennent s'appuyer l'une contre l'autre sous l'angle du tailloir. A la troisième, grosse face avec un corps raccourci, portant à la fois deux bras et deux grandes ailes qui remplissent les angles du chapiteau. A la quatrième, deux serpents dont les queues dressées vont se perdre dans une grosse tête qui vomit, par une bouche énorme, un long corps de crapaud.

La fenêtre de droite (midi) de l'abside est accompagnée, comme celle qui lui est symétrique, de deux colonnettes. A l'une d'elles, on voit, dans les angles des chapiteaux, deux personnages debout et les bras en avant, passés dans le feuillage qui en forme le milieu.

Le faisceau de colonnettes qui vient après ne nous présente que des feuilles de différentes espèces, et un seul chapiteau, meublé de deux griffons, placés dos à dos avec les ailes relevées et se touchant à leurs extrémités.

Nous arrivons au grand pilier du midi. Première colonnette, répétition de ce feuillage déjà reproduit plusieurs fois. Deuxième colonnette, deux personnages debout, couverts de manteaux, portent sur leurs épaules un instrument dont la nature n'est pas parfaitement déterminée. J'ai cru reconnaître dans l'un une bêche, et dans l'autre une faulx. Troisième colonnette, deux oiseaux adossés retournent le cou pour se becqueter, au-dessus d'un vase rempli de fleurs. Grosse colonne engagée, quatre petites arcades légères, qui rappellent celles que l'on voit sur les tombeaux chrétiens des premiers siècles, et sur les châsses des 11e et 12e siècles, forment l'ornementation du chapiteau de cette colonne. Sous la première, on distingue deux personnages l'un debout, et l'autre assis, tenant un livre à la main. Sous la deuxième, un personnage debout avec un livre à la main. Sous la troisième, un personnage bénissant d'une main, et tenant une croix de l'autre. Sous le quatrième, deux personnages, peut-être des femmes, paraissent s'embrasser.

La sculpture intérieure du chœur et de l'abside de l'église de Berzy est loin d'avoir la finesse et la pureté de goût de celle que l'on admire à l'extérieur. Un de ses défauts le plus frappant, c'est la grosseur tout-à-fait démesurée des têtes.

Il resterait maintenant à examiner si l'on ne doit voir dans les sujets que je viens de retracer, que le caprice et l'imagination de l'artiste, ou bien, au contraire, si l'on doit y chercher le sens symbolique qui s'y trouve nécessairement; mais cette question m'a paru offrir trop de difficultés pour essayer de la résoudre. Quand on aura décrit et reproduit, par des dessins parfaitement exacts, tous les sujets sculptés dans nos églises, quand, alors, on pourra les rapprocher les uns des autres, les comparer entre eux et les compléter quelquefois l'un par l'autre, ce sera le moment des recherches qui pourront conduire à la véritable interprétation des sujets représentés. Vouloir retrouver trop tôt le sens depuis longtemps perdu de l'art des 12e et 13e siècles, ne serait-ce pas risquer de jeter du ridicule sur les études archéologiques ?

J'ai supposé, plus haut, que l'église de Berzy avait été construite dans le cours du 12e siècle, mais je n'ai aucun titre à produire à l'appui de mon opinion; c'est par la comparaison de cet édifice avec d'autres églises de notre pays, antérieures et postérieures, qu'il m'a paru possible d'arriver à une date approximative assez exacte.

Pour partir d'une base incontestable, je m'arrête au chœur de la cathédrale de Soissons qui fut inauguré en 1212 (1). Son style est celui, mais un peu plus sévère, de Rheims et d'Amiens; aussi sa construction dut-elle précéder d'une trentaine d'années au moins ces deux cathédrales, et si elle ne peut leur être comparée pour la grandeur des dimensions et la beauté de l'ornementation, elle a peut-être le mérite de leur avoir servi de modèle (2).

Après le chœur de la cathédrale de Soissons, et en remontant le cours des âges, on rencontre le transept du midi du même édifice dont le style est tout différent. La forme en est ronde comme à Noyon, comme à Tournay; le plein-cintre règne encore aux fenêtres basses, et le mur extérieur se termine par une élégante corniche à

---

(1) Une pierre qu'on voit encore dans la cathédrale de Soissons, et qui est considérée comme authentique par tous les archéologues porte, en caractères du 13e siècle, l'inscription suivante :

*Anno milleno bis centeno duodeno
Hunc intrare chorum cepit grex canonicorum.*

(2) La cathédrale de Soissons n'a pas, pour seul mérite, une antériorité de date sur les grandes cathédrales du moyen-âge, elle a encore celui d'une harmonie si heureuse dans ses proportions qu'elle réalise, à la lettre, ces paroles de l'Ecriture : « Ma maison est une maison de prières. » On n'y sent pas cette majesté et cette immensité qui faisaient dire à l'empereur Napoléon, entrant dans la cathédrale d'Amiens : « *L'impie ne doit pas se trouver bien ici.* » Mais tout y invite à élever ses pensées vers un Dieu bon et miséricordieux. Le constructeur, inconnu de Soissons, était donc un grand architecte, car dans les arts comme en toutes choses *Ille tulit punctum,* celui-là a remporté le prix qui sçut approprier son œuvre à son objet.

modillons. A l'intérieur, une première galerie ou tribune, est surmontée d'une autre petite galerie qui se relie avec celle de la nef et du chœur. Quelques mots de l'obituaire de Saint-Gervais font supposer que ce transept a été construit sous l'épiscopat de Nicolas de Cherizy entre 1175 et 1207. Ce renseignement, qui n'est pas en contradiction avec les idées admises jusqu'ici, laisse un espace bien court pour l'érection de deux parties si différentes de la cathédrale de Soissons. Peut-être faudrait-il reculer, jusqu'en 1160, l'époque de la construction du transept du midi, pour expliquer plus naturellement l'adoption d'un autre genre d'architecture.

L'historien de l'abbaye Notre-Dame de Soissons fixe l'année 1140 pour la date de l'église de cette célèbre abbaye; les deux fenêtres qui, seules subsistent encore, appartiennent au roman fleuri. Tout porte à croire que les grandes arcades intérieures étaient ogivales.

Enfin toujours sans quitter la ville de Soissons, on trouve l'église de Saint-Pierre-au-Parvis construite en 1133; dans cette église, dont le roman paraît un peu plus primitif que celui de l'abbaye Notre-Dame, et qui n'a jamais reçu de voûtes en pierres, on a cependant adopté l'ogive pour les grandes ouvertures.

Si, maintenant, en retournant à l'église de Berzy, on s'arrête à l'élégance du plein-cintre de la nef, à l'ogive de l'arc triomphal et à la perfection de ses sculptures extérieures, on ne peut lui assigner d'autre date que l'espace compris entre 1140 et 1160; c'est-à-dire qu'elle serait postérieure à Saint-Pierre-au-Parvis, et antérieure au transept sud de la cathédrale de Soissons.

CHATEAU.

L'ancien château de Berzy qui, depuis longtemps est converti en ferme, paraît être une construction de fin du 15e siècle, ou du commencement du 14e. Les bâtiments d'habitation qui remontaient à cette époque ont complètement disparu. Le corps-de-logis actuel, habité par le fermier, porte le cachet de la renaissance; la distribution en a été changée à plusieurs reprises; mais des cheminées, ornées de colonnes, des fenêtres divisées par deux meneaux en croix, la porte à plein-cintre de la cour, surmontée d'arceaux semblables, indiquent d'une manière certaine qu'il a été, sinon élevé, au moins entièrement refait au 16e siècle.

L'enceinte des murailles du château de Berzy s'est conservée, sauf quelques parties de murs réparés nouvellement, telle qu'elle était à l'origine. Elle forme un carré un peu irrégulier. Le côté sud-est a 48 mètres de long, celui du sud-ouest (ou des champs), 44 environ, celui du nord-ouest, 51 mètres; et celui du nord-est (où se trouve la porte), 32 mètres. Tous ces murs de défense ont conservé une hauteur approximative de dix mètres; aux quatre angles et contre les courtines, à une distance de douze à quinze mètres les uns des autres, on a placé de larges contre-forts qui étaient surmontés de tourelles avec machicoulis.

La porte, beaucoup mieux conservée que tout le reste, s'avance de six mètres sur la face nord-est du château. Deux hautes tours d'un beau style se dressent à droite et à gauche; elles sont couronnées d'un rang de consoles qui supportaient une corniche et formaient des machicoulis. Le même système de défense est établi au-dessus du cintre de la porte et devait, en surmontant l'ensemble des murailles, établir une galerie de communication entre toutes les parties de la place. Les deux tours dont je viens de parler ne présentent la forme cylindrique qu'à leur couronnement; leur partie inférieure se trouve composée de la réunion de quatre piliers massifs décrivant à leur base une croix grecque. Comme tous les châteaux de cette époque, celui de Berzy avait son entrée défendue par un pont-levis; les longues pièces de bois, destinées à le manœuvrer, venaient se loger dans deux vides ménagés le long des tours. De cette manière, le dessus de la porte, au lieu de présenter un mur plat avec deux grandes rainures sans élégance, montre un large et beau pilastre, orné de trois écussons et d'un encadrement carré dans lequel on avait sans doute placé autrefois la statue du saint le plus vénéré par les maîtres du château. Sous le passage même de la porte sont pratiquées des niches de forme ogivale où se plaçaient probablement les hommes d'armes qui la gardaient.

Un fossé, creusé dans le tuf et de quatorze mètres de largeur, environne le château; le roc s'est trouvé dans certaines parties assez solides pour qu'on ait pu le couper verticalement et s'en servir, comme de premières assises, pour la muraille.

J'ai trouvé gisant, dans la cour de la ferme, deux pierres portant des armoiries très-mal gravées. L'un des écussons est écartelé; le premier quartier porte un *lion*, le second et le quatrième des *fasces*, le troisième deux *léopards;* on ne peut distinguer les émaux (1). Sur la seconde pierre, j'ai cru reconnaître les armes des Lepelletier qui sont d'*azur au choux de Sinople, le tronc accolé d'un serpent d'or;* mais avec addition de deux choux.

Le château de Berzy ne paraît pas avoir joué un grand rôle dans l'histoire de nos troubles civiles et de nos guerres étrangères, car on ne le voit cité dans aucun des chroniqueurs du pays.

CHAPELLE DE CHAZELLES.

Le hameau de Chazelles, dépendance de Berzy, possé-

---

(1) Je n'ai pu trouver la famille à qui appartenaient ces armes.

dait une chapelle qui a été convertie en grange, et dont le style indique le 13e siècle. Quelques restes de peintures polichromes paraissant fort anciens mériteraient d'être conservés, ou au moins reproduits par le dessin ; la rareté de ce genre de décoration dans nos églises ne permet pas d'en négliger les plus petits fragments.

Ce monument, placé au fond d'une gorge presque déserte, nous fait juger de la prodigalité avec laquelle le moyen-âge semait partout les édifices religieux.

———

Vers la fin du 14e siècle, le territoire de Berzy reçut un triste présent : on établit, au-dessous du village, dans un lieu qui s'appelle encore aujourd'hui le *champ des pestiférés*, un cimetière pour les lépreux de Soissons. A cette époque, le nombre des hommes atteints de cette horrible maladie s'étant beaucoup accru, on avait été obligé de porter des réglements sévères sur l'administration des maladreries. Il semble, d'après les mémoires du chanoine Cabaret, que l'évêque de Soissons possédait, dans cet endroit, une maladrerie destinée à renfermer les ecclésiastiques lépreux de son diocèse.

Depuis quelques années, on s'est appliqué à recueillir tous les détails de mœurs, toutes les croyances populaires, tous les usages bizarres, quelquefois absurdes, souvent ridicules de nos différentes provinces. Ces recherches n'ont, selon moi, rien de puérile ; car si elles ne conduisent que rarement à éclairer des questions historiques importantes, elles ont toujours l'avantage d'être des peintures de mœurs intéressantes. On a beaucoup écrit sur les guerres et les événements politiques de notre pays. Pourquoi ne ferait-on pas aussi l'histoire du peuple, ou plutôt des différentes classes qui composaient la nation ; maintenant surtout qu'une uniformité absolue paraît devoir s'étendre sur toute l'Europe ?

Berzy avait donc aussi et conserva jusqu'à la révolution son usage extravagant et bizarre.

Le 8 novembre, il s'ouvrait un concours public parmi les habitants du village, et celui qui avait réussi à faire la plus monstrueuse grimace avait droit à une récompense.

Un usage semblable avait existé à Villemontoire, mais il avait été supprimé beaucoup plutôt, parce que, rapportait-on, un des acteurs avait été frappé de la foudre pendant un de ces singuliers assauts. Une tradition sans autorité, il est vrai, raconte que deux chanoines de la cathédrale de Soissons venaient présider à cette fête le jour de la Nativité de la sainte Vierge.

Les habitants de Berzy avaient encore su allier, d'une manière singulière, le sacré au profane : il y avait un jour de l'année, sans doute celui de la fête du patron, où l'on mettait aux enchères la première contre-danse, et l'habitant du village qui avait fait la plus belle offrande à la chapelle de la sainte Vierge devenait l'adjudicataire (1).

Je dois parler enfin d'une coutume beaucoup plus conforme aux idées que nous nous faisons des siècles de foi naïve qui ont précédé le nôtre. On célébrait tous les ans, à la messe de minuit, la fête des Bergers. Nous avons peu de détails sur les cérémonies qui s'y pratiquaient ; nous savons seulement que les pasteurs de Berzy se rendaient en procession à l'église pour y faire l'offrande d'un agneau mâle sans tâche. C'était un précieux souvenir des mœurs patriarchales des Hébreux. La même cérémonie s'est conservée, jusqu'à ces dernières années, dans plusieurs paroisses du diocèse de Soissons.

---

(1) Mémoires manuscrits du chanoine Cabaret.

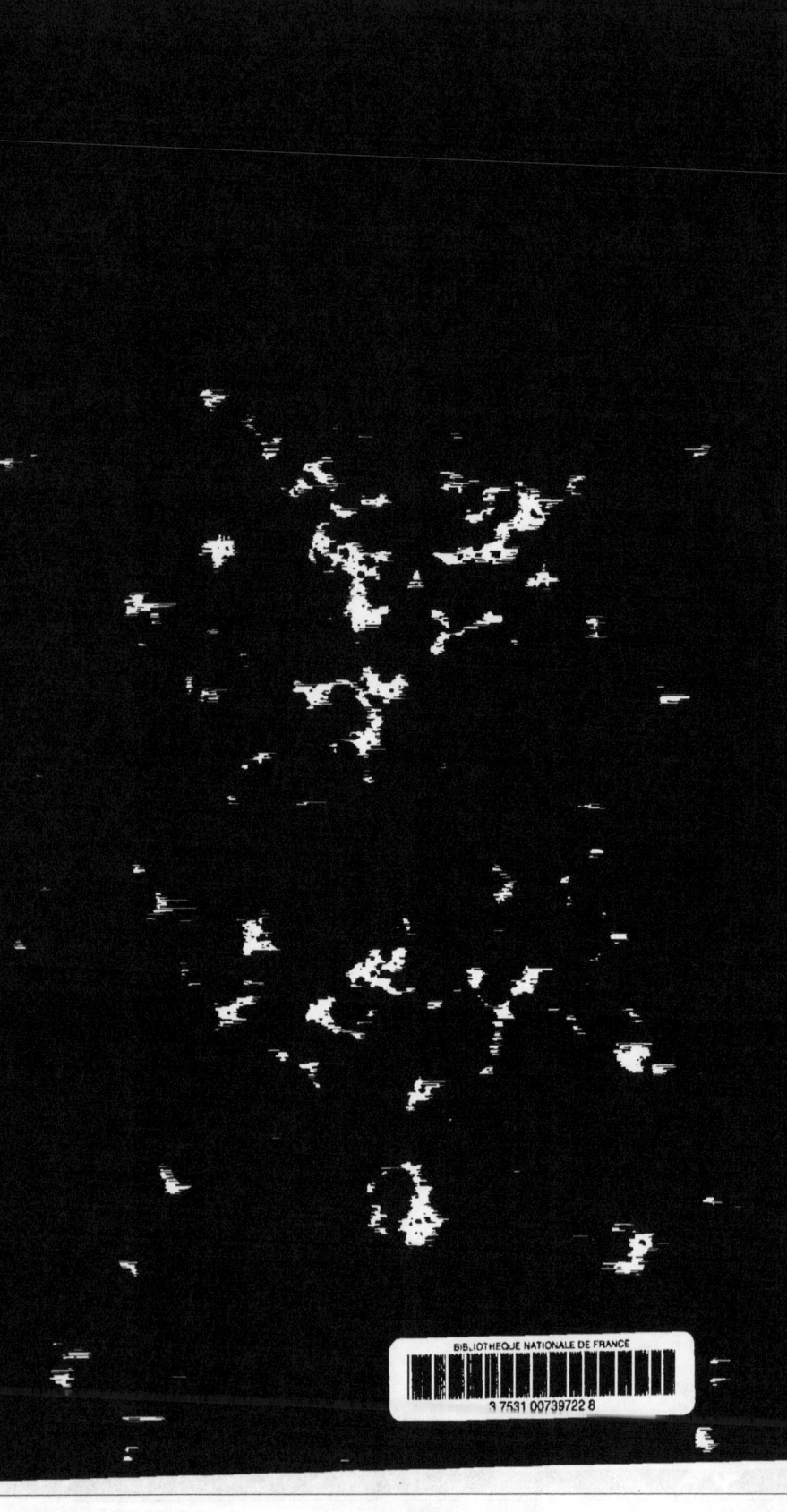

www.ingramcontent.com/pod-product-compliance
Lightning Source LLC
Chambersburg PA
CBHW060902050426
42453CB00010B/1530